GERTRUD VON LE FORT

———

GEDICHTE

IM INSEL-VERLAG

VON DICHTUNG UND MUSE

Dank an die Muse

Ungerufen betratst du einst mein Gemach,
Mit tief erschreckendem Huldblick
Winktest du mir hinweg von den schlichten Spielen der
　　　　　　　　　　　　　　　　　　　　Schwestern,
Und wie die göttliche Gnade zuweilen ein Herz überwältigt,
Das nie nach ihr gefragt und kaum ihrer würdig,
So überwältigte deine erstaunliche Wahl
Die kindliche Lippe:
Du nahmst mich an Liedes Statt an
Und gabst mir Heimatrecht in deinem bezaubernden Reich.

Ich habe dich lieb gehabt, so wie du geliebt sein wolltest,
Lieb mit der ganzen Stimme, lieb mit jeglichem Worte,
Lieb mit allen Kräften der Sprache und Töne,
Lieb ohne Vorbehalt, lieb ohne Nebenliebe:
Was braucht' ich andres Geleit –
War auch nur eines dem deinen an Herrlichkeit ebenbürtig,
Hohe Verwalterin aller zeitlichen Schätze
Und Zugelaßne bei der Verteilung der ewgen?
Nichts hast du mir versagt, das ich begehrte,
In holder Verwandlung nur gabst du mir das Erflehte,
Mit vollen Händen hoch über jedem Verhängnis!
Kein Jubel, den du nicht verklärt,
Kein Schmerz, den du nicht liebreich mit mir durchweintest
Und im Gesange begrubst –
Kein steiniger Pfad, den mich dein Flügel

Nicht zu erschweben gelehrt,
Niemals Erschöpfte du, niemals Alternde, niemals
                                        Enttäuschte,
Bitternislose im bittren Geschehen der Weltnis,
Treuste Gefährtin –
Einzig ganz treue: Dank dir und sei gesegnet.

Lob der Muse

Sei mir gegrüßt, Muse, Schwester der hohen Sibylle,
Lichtumschwebte du, die der dunklen Künderin
Lieblich vorausgeht, wenn sie mit schäumendem Mund
Den Ausbruch der Gnade verkündet.
Nicht taumelnd, gleich jener, unter den Stürmen des Geistes,
Anmutig wie mit Flügeln eilst du der Wahrheit entgegen,
Unschuldig fängst du sie auf
So wie das Kind im Märchen die Sternentaler,
Und bietest sie dar im hold-verschleierten Gleichnis –
Nur Lauschende oder Singende verstehn deine Botschaft,
Du adlig-bescheidne, die nicht Prophetin sein will – wie bist
                        du Prophetin!
Denn alles liebst du ja schon gleich einer Erlösten:
Die Blumen, die Tiere,
Quellen und Ströme, die blauen Wiesen des Himmels und
                        die grünen der Erde,
Die ganze Schöpfung, die zur Verklärung bestimmte,
Verklärst du vorauf im Gesang!
Im Scheinlos-Stillsten entdeckst du das göttliche Wunder,
Dem Kleinsten schenkst du den Blick, und dem Erhabnen
                        die Kniee,
Ja selbst das Leid, das verstoßenste Kind dieser Erde,
Bekränzst du und küßt du
Wie eine Lieberin des gekreuzigten Gottes!
Nie krönt dein Gesang die Satten, nie reichst du die Palme
Dem kalten Erfolg: das ringende, das weinende Schicksal
Umschlingst du, süß-heimliche Christin,
Getreu dem Gescheiterten wie die ewge Erbarmung!
Und wenn vergangenes Leben in deinen Armen,
In deinen Liedern versinkt,

Dann läßt du es glänzen – o glänzen wie von jenseits der
Die weiße Unsterblichkeit glänzt... [Räume
Da wandelt die zweifelnden Seelen ein Ewigkeitsahnen an
Zart wie am Ostermorgen die Flügelgesänge der Engel,
Wenn sie das Felsengrab sprengen...

GNADE DES DICHTERS

Stumm aber wird der Dichter geboren,
Sprachlos steht er im Kreise der flinken Sprecher,
Überwältigt von Staunen und immer wie heimlich trunken
Vom Glanz und vom Schmerz dieser Erde –
Nur eine, die himmlische Muse entzaubert sein Schweigen,
Sie, die den heiligen Schlaf der Lieder behütet,
Und ihr Erwachen erküßt,
Es sei zur Rosenblüte des Morgens oder im
                              Nachtversunknen,
Wie es ihr eben gefällt – sie ist die Mächtge,
Und ist wie alle Gnade von oben ohne Gesetze.

Denn dies ist des Singenden heimlicher Glanz und Ruhm:
Nicht anbefehlbar ist seine Stimme, nicht untertänig
Der Weisung der Welt, der kleinen des Tages,
Auch nicht der hohen der Liebe,
Auch nicht der sehnenden des eignen Verlangens:
In unzerbrechlichen Ketten harrt er der klingenden Stunde,
Die da mit Flügeln bricht aus dem Unbekannten,
Mit Flügeln fällt sie ihn an, mit Flügeln hebt sie ihn auf,
                              mit Flügeln läßt sie ihn fallen
Zurück ins Gefängnis der Ohnmacht.
Doch tausendstündiges Schweigen gilt nichts gegen einen
                              Gesang,
Und herrlich ist auch Verstummen, wenn es die Muse
                              gebietet –
Ja, herrlich ists abzuhängen von einer himmlischen Stimme.

Tragische Dichtung

I

Aber die Musen lieben die fallenden Sterne,
Und die gestürzten Säulen sinds, die sie kränzen,
Nicht blendet ihren heilig-trunkenen Blick
Der rohe Glanz des Erfolgs,
Und nicht des satten Mittags Gleißen weckt ihren
                                      Wohllaut!
Erst wenn die Sonne versank, erzählen die Quellen,
Erst wenn die Dämmerung blüht, erhebt sich die mächtige
                                      Sehnsucht –
Die Nacht ist des Singenden, wie des Liebenden Tag.

II

O dieser Glanz des Entschwundnen,
O dieser Schimmer des im Gesange Begrabnen,
O dies vinetahafte Leuchten aus Tiefen der Lieder!
Wie traumhaft wird der Tag – wie taghaft sind Träume!

Da herrschen noch Könige mit heiligen Kronen,
Da lebt noch ein glückliches Volk in Ansehn und Ehren,
Da senden noch freudig-lebendige Städte
Ihr stolzes Getürm zum Himmel,
Im wohlbehüteten Vaterhaus
Blicken der Ahnen Bilder
Fromm auf das sorglose Kind,
Und in der Ferne die hohen Wälder alle, die doch ermordet
                                      waren,
Umruhen wieder die Landschaft mit Rauschen und
Ganz unversehrt   [Schweigen

Heut und für immer,
Denn was da liedeinging, das hat den Tod überwunden.

O dieser Schimmer des im Gesange Begrabnen,
O dies vinetahafte Leuchten aus Tiefen der Lieder –
O dieser Osterglanz des für immer Entschwundnen!

III

Es herrscht ein andres Gesetz im Gesang denn am Markte
                                        des Lebens,
Ein andres als das Vertraute nüchterner Lippen,
Denn zauberkundig ist der waltende Dichter,
Erhabner Vertauschung mächtig, ein Schicksalsverwandler!
Fahl wird in seinem Munde die glückliche Stunde,
Wie ausgelöscht von den Lauten unstillbarer Sehnsucht,
Zum Untergehenden zieht es die Barke des Sängers,
Den Bettler nimmt er auf und den verratenen König,
Und alles was Irrsal erfuhr und Sternentrug und Verhängnis –
Er geht dem Gescheiterten nach und dem Verfemten,
Er sucht die Schlingen auf am strauchelnden Weg des
                                        Verführten,
Er folgt ihm furchtlos-bang bis zum bösen Tal des
Wohl haßt er die frevelnde Tat,   [Geschehens.
Doch wenn der göttliche Blitz den Vermessenen fällte,
Dann kniet seine Stimme nieder, erschüttert von Ehrfurcht
Und er bedeckt den Entsühnten   [und Grauen,
Mit seinem erbarmenden Lied.

IV

Denn christverwandt ist der Dichter, ganz nahe ist er
Den Bekennern jenes erlösenden Gottes,

Der das Gefallene küßt, und dem Bespienen
Die Schmach von der Stirne windet –
Ganz nahe ist er ihnen – zwar weiß er es selten,
Doch manchmal gewährt ihm eine gnadene Stunde,
Daß er die frömmeren Brüder
Demütig aber göttlich liebend vertritt.

V

Weh aber weh, wenn einst zur herbstlichen Stunde
Unfruchtbar späten Geschlechts im entlaubten Baum der
Das holde Rauschen verstummt,   [Gesänge
Wenn sich des Singenden Stimme entfärbt gleich den
Und die einst trunkne   [raschelnden Blättern,
Vom schweren Wein der Liebe und der Geschicke
Mißtönend-nüchtern das fremde Amt, das unbefohlne
Vom Tische des Richters entwendet,
Wenn der Umarmende sich zum Verstoßenden wandelt,
Den stürzenden Bruder verdammt und des sterbenden
Dann, dann, ja dann ist es aus ...   [spottet:
Es fließt keine Träne mehr, es bebt kein heilges Erschauern
Um das entgöttlichte Wort – die Musen verhüllen ihr
                                    Haupt –
Kahl wie der Baum des Gesanges, unendlich einsam
Ragt das vergebliche Kreuz.

Stimme des Dichters

I

Fragt nicht, wer ich bin, o rätselt nimmer
An der erloschenen Schrift – was gilt ein Leben?
Tausendmal ward ich geboren und tausendmal küßt ich
Dies holde, gewaltige Dasein –
Auf tausend Namen bin ich getauft,
Tausendmal ward ich vermählt und tausendmal bin ich
                                          gestorben!

Denn nur im Liede verströmt sich jeglicher Quell,
Der unter dem Stern des Gesanges entsprang,
Und wie Worte von Lippe zu Lippe,
So schwingt von Gestalt zu Gestalt sich des Dichters Seele:
Ich habe alle Wesen bewohnt, die ich gesungen,
Ich ging ihnen mitten durchs Herz!
In jedem Hause, das meine Stimme umrankte,
War meine Heimat,
An jedem Ufer, wo meine Harfe hing, hing meine Seele.
Ins fremdeste Schicksal trat ich ein wie in die eigene Kammer,
Zum fernsten liebt ich mich hin und ward mit ihm einig,
Und trug es aus, wie mein eignes,
Das Holdeste, wie das Verächtlichste nahm ich an
Zärtlich oder geduldig,
Und wenn mich die andern
Im engen Gefängnis des grauen Alltags wähnten,
Dann lief ich mit leuchtender Leier
Die Hügel der Gesänge hinab
Und die strahlenden Höhen der Lieder empor,
Und zog auf großen Straßen
Hinweg lebendigen Traums.

II

Nicht braucht ich den staubigen Schritt
Um mich der Quelle zu neigen,
Und nicht den strauchelnden Fuß
Um unter Wipfeln zu wandern.
Da war eine Tür in mir, niemals verschlossen,
Ganz sanft nur angelehnt,
Und wenn das schlafende Lied sich zu regen begann,
Wenn mir sein kühler aber berauschender Kuß
Die Stirn berührte,
Dann klang die Türe auf, dann stand ich im Wehen der [Weite
Und zog mit den Strömen durchs Land
Dem wälderdurchwallenden Mondlicht nach
Durch mondüberwallte Wälder
Und stimmte ein in die goldnen Gesänge der Sterne.

III

O diese Stimmen des Alls,
O diese gewaltgen
Liturgien der Schöpfung:
Das leuchtende Credo der Sonnen, das Gloria der Sterne,
Das bräutliche Liebesgebet der blumenempfangenden Erde
Und ihre Mutterlieder, die lallenden, lullenden Quellen!

Wie Wind durch mein Haar
So jauchzten durch meine Harfe
Die reißenden Lobgesänge der wildnishaft herrlichen
Die den Orkanen gebieten,   [Mächte,
Und die gewitternden Engel
Blitzten über ihr auf
Und schlugen ein und zerflammten der kindlichen Saiten

Eigenes Spiel ...
Gleich einer Muschel im Hochgewoge der Brandung
So lag ich im Sturmhauch der Chöre
Und hielt ihn aus –
Und hielt ihn – verstummt, um zu erbrausen
Im großen Weltengesang: die kleine, getreue Muschel –
Die kleine getreue – mehr nicht.

IV

Und nirgends schlug eine Uhr, und nirgends erhoben sich
                                                       Mauern,
Die Riegel der Jahre sprangen wie klingende Saiten
Und alle Fernen waren, als eilten sie mir entgegen.

Ich ging durch die Räume der Vorzeit, wie durch vertraute
Ganz nahe den meinen,   [Gemächer
Ich trat in die schlafenden Stuben
Der einst Gewesnen.
Spurlose Brücken trugen mich über die Schluchten der Jahre,
Ich kannte mich aus in der Väter verschollener Landschaft,
In längst versunkenen Gärten blühten mir Blumen zu
Aus den lieblichen Sommern der Toten.
Sie schlichen mir nach mit ihren flüsternden Schritten
Und hielten in ihren Händen das stumme Einst ihrer Tage:
All das Verschmachtete und all das Verschwiegne,
All das Unausgetragne,
Das nicht zum Sterben kommt, weil es nicht lebte.
Ich reichte ihnen mein Lied, da saßen sie nieder
Und wurden jung und rot am Tisch meiner Gabe
Und sprachen mit meinem Mund
Und weinten sich aus mit meiner Augen lebendigen Quellen,

Und lebten mit meinem Leben ihr Leben zu Ende,
Und vielen, vielen, die ohne Hoffnung starben, wurde ihr
Schicksal noch selig –

V

Denn mächtig war ich im Liede, frei war ich im Liede,
Ich konnte walten mit den Geschicken
Los vom blinden oder verwilderten Zufall,
Ich konnte Wahrheit gebieten und Unrecht beugen
Wie große Könige tun,
Ich konnte Siege verleihn und Kronen vergeben,
Ich konnte beglücken bis zu den Ufern der Sterne, den
hochverklärten.

Ja, mächtig war ich im Liede:
Wie eine Hand die Kerze hält und behütet,
So hielt ich in meinen Gesängen
Alle Wunder des Lichtes:
Finstre Gestalten wurden freundlich
Und starre lösten sich weinend,
Geheimnisvoll verwirrte wurden einfach und klar
Wie die Kristalle im dicht verschlossenen Berge.
Zeitlos wohnt ich im tiefen Schoß der Geschicke,
Jahrlos wohnt ich am Ufer der strömenden Jahre,
Und wie des Vogels Flug die Unendlichkeit streift,
So spannte sich meiner Tage gebrechliche Schwinge
Jahrhunderteweit ... Jung war ich ahnenalt,
Und alt ward ich wieder jung, als sei ich seelenwandernd
Von neuem geboren.

VI

Wie aber, wenn sich einst am Ende der Tage
Der strenge Engel erhebt, den Namen schallend,
Den einen von allen, der mir allein gehörte:
Aus welchem Grabe werd ich erstehn, aus welchem Schicksal
                              mich sammeln,
Mit welchen Händen erfleh ich im letzten Gericht
Das ewge Erbarmen?
Ich weiß es nicht, mein Gott – ich habe mich längst
                              vergessen.

O faltet die Flügel für mich, ihr meine Lieder,
Ihr trauten Gestalten darinnen, bittet, o bittet für mich
Und legt mir liebreich
All euren Reichtum um, den einstmals meinen –
Nur eine Stunde lang leiht mir die eigene Seele,
Das Leben, das ich euch gab – nur eine Stunde,
Daß ich bestehen kann, denn ach, von allem, was mir
                              gehörte,
Blieb mir nur das Verschwendete, nur das Verschenkte.

WORTE ZUR GEGENWART

Verhängnis

Vorüber, vorüber!« rauschen die zitternden Wälder.
Wie schreckhaftes Vogelgewölk vor unsichtbaren
                                      Gewittern
So flüchtet dahin der ängstliche Schatten der Erde.
Es finstert, o wie es finstert in allen Räumen des Himmels,
Selbst wenn der Mond sich ergießt, sieht das Auge nicht
Es sieht nur weinendes Licht – –   [heller,

Und doch, wir sind nicht hilflos wie blindes Gras
Unter die Hufe von blinden Rossen gewältigt:
Was könnte geschehen, in das wir nicht eingewilligt,
Und das wir nicht miterwählt und mitgewollt und
                                     beschworen?
Aber nicht droben im Grell der nächtlich lichternden Städte
Wo sich die Mächtigen dieser Erde beraten:
Verhüllt ist jede Geburt, auch die des Schicksals.
O Freunde, wie zart sind die Gewalten des Grauns
Wenn sie in unsren Tiefen die Augen aufschlagen,
Wie willig sterben sie noch ohne die zärtliche Pflege!
Doch wehe wenn sie erstarkt den Wiegen entgleiten:
Aus unser aller Tiefen führen schwindelnde Stufen
Steilauf zum Hochsitz der Allmacht!
Denn unser himmlischer Vater verhängt seinen Kindern
Nicht blindlings die Geschicke so wie die Götter der
                                     Vorzeit –
Sehr tief ist Mariens Geheimnis,

Sehr weithin leuchtet das Fiat, um das sie der Engel
                                           befragte,
Sanft aber gewaltverleihend hallt es durch alle Geschlechter,
Ein jedes befragt der Engel
Und einem jeden stellt er die königlich freie Wahl:
Heil oder Verderben?

Tröstet die Finsternis

Aber sehr zart und gebrechlich ist jegliches Saitenspiel
Und tief verwundbar sind die empfindlichen Stimmen –
Weh, auf den Straßen der Zeit
Irren verstörte Gesänge,
Umnachtete Lieder fallen den Wanderer an,
Und zersprungene Glocken
Wehklagen wirres Gebet –
Es unholdet in den Wäldern der lieblichen Musen
Von den Gesichten des Grauns,
Und vom Gespenst der totenblassen Verzweiflung.

O gönnt doch, Freunde, gönnt dieser armen Welt
Doch wieder das Labsal eines lichten Gesanges,
Daß ihr die Finsternis tröstet und selbst mit geretteter
Die Morgenröte erreicht,   [Stimme
Die zartverheißende, die gesegnete Stunde –
O tröstet die Finsternis zu ihr hin,
Sonst schrecken die Seelen
Ins Mitternächtge zurück,
Die Weisung der frommen Sterne
Wird unerkennbar,
Und am erzürnten Himmel erscheinen wieder
Die Fahnen der wilden Kometen.

Du kennst das Geheimnis ...

Du kennst das Geheimnis der versiegenden Quellen,
Gott, du kennst das Geheimnis!
Du weißt, warum ein blühendes Land verdorrt,
Du weißt, warum uralt-heilige Tore sich schließen,
Du kennst das dunkle Gesetz des fallenden Sterns,
Und wenn der Ruhm eines ganzen Jahrhunderts erlischt
Wie eines einzigen Tages
Vorübervolles Erglänzen,
Wenn eines Jahrtausends Stimme plötzlich verstummt,
Als wärs eines kleinen Vogels abendliches Gezwitscher –
Du kennst das Geheimnis, Gott,
Du kennst das Geheimnis
Unsrer versiegenden Quellen.

Müssen nicht auch Gesänge Nacht annehmen?
Werden nicht auch Gedanken müde und möchten ruhen
Von der Verspendung der Kräfte?
Und wollen nicht auch Gestalten, die Generationen
                                          umjauchzt,
Sich endlich wieder verbergen, zurück in die sanfte Demut
Ihres schweigenden Einst,
Daß sie mit junggeschlafenen Augen erwachen –
Du kennst das Geheimnis, Gott,
Du kennst das Geheimnis – –

Wohl ists unfaßlich, wenn eine große Kultur
Vor unsren Augen die Entkrönung erleidet,
Wenn eine mächtig geglaubte
Wehrlos und willig die Stufen des greisen Thrones
Hinunterschreitet und hinter ihr

Ein Gespensterhaftes erscheint, und ein Seelenloses
In die Verlassenheit stürzt, lachend und lärmend,
Daß längst zerstörte Altäre noch einmal erschauern –
Wohl ists unfaßlich –,
Aber du kennst das Geheimnis, du kennst es –
Du, du, der verstoßene Gott!

O haltet nicht, was sich zur Ewigkeit rettet!

Herbstlicher Sturm

Wenn aber dieser herbstliche Sturm des Schicksals,
Dieser ruchlose Sturm, der rings die Ernten
Tausendjährigen Wachstums bleicht und entwurzelt,
Auch nach dem Kleinod unsres Inneren griffe,
Daß wir uns selbst ablegen sollten wie ein zu eitles
Und alles Ich und Du, alles innigste Eigen   [Geschmeide
Wie Flugsand wäre, verweht in die Wüste der Massen:

Wie wird sich dann aus unsren Tiefen erheben
Die mächtige Einsamkeit, diese urgewaltge,
Heimliche Herrscherin auch der glückseligsten Stunde,
Wie furchtlos wird sie
Über die Schwellen ihrer Verborgenheit schreiten,
Und wie gelassen
Dem Sturm ihre Stirne bieten –
Wie liebreich wird uns ihr gefürchtetes Antlitz erscheinen
Und o wie sanft ihre strenge Hand
Wenn sie die unsere löst
Aus der Verflochtenheit der dichten Gedränge
Und uns hinuntergeleitet, hinuntertröstet
Tief, tief hinunter unter den gottlosen Tag
Ins Unzugängliche ihres schweigsamen Reiches,
Wo niemand unsrer harrt
Als die eigene Seele – –

An die Natur

I

Nimm sie wieder in die sanften Arme,
Die du sie Jahrtausende bewahrt,
Daß ein Gott sich dieser Welt erbarme –
Deine Arme sind so stark wie zart!

Laß sie wieder dir im Schoße träumen
Unbewußt, fremd ihrer eignen Spur,
Hüte sie in den geheimsten Räumen
Große, mütterliche Allnatur!

Diese Kräfte, die man dir entrissen
Diese scheuen, die man dir entwand –
Furchtbar werden sie durch unser Wissen
Grausam werden sie in unsrer Hand.

Aufgeschreckt zu rasendem Verlangen
Bieten sie den Tod der Erde feil –
Laß sie wieder Mutterhut umfangen –
Eine mütterliche Welt bleibt heil.

II

Doch es führen endlich alle Gleise
Hin zu deines Schoßes milder Nacht:
Ruchlos plant der Mensch die wilde Reise
Schuldlos wird sie durch dein Kind vollbracht.

Denn in allen Kräften und Gewalten,
Sind sie gleich Versklavte finstrer Zunft,

Bleibt ein Urerinnerndes erhalten
An die mütterliche Weltvernunft.

Im Erleiden frevelnder Entweihung
Überfällt sie ihrer Herkunft Glück,
Und in Feuerstürmen der Befreiung
Jauchzen sie an deinen Schoß zurück.

Dann muß alles, was ihr Recht verletzte,
Zeugen, daß es Staub und Asche ist,
Und daß du die göttlich eingesetzte
Mächtge Tochter des Allmächtgen bist.

MITTERNACHTSWEIHE

Und nun öffnet sich wieder gleich einem dämmergewaltgen
Dom das Portal einer Nacht,
Glockenlos läutet die Stille,
Es schreitet der Tag
Über die silbernen Stufen des sinkenden Lichtes
Hinab ins Gewölbe der Schatten.

Feierlich-hoher Raum,
Wie im Gebet die Seele
So löst sich das Auge nun
Von allem Sichtbaren ab:
Die stolzen Konturen verfalln
Und verströmen wie wallender Rauch
Oder wogendes Wasser.

Jede Gestalt gibt sich auf,
Jede gibt sich dahin
Willenlos, wie Gefäße, deren Wein man verschüttet,
Jede entsinkt und entschweigt
Und legt ihr Antlitz ab im großen Vergessen –
Auf hoher Finsternis
Treiben die schlafenden Schiffe
Bewußtloser Seelen,
Und alles west nur noch wie im Stande der Toten:
Zum Ur der Dinge zurück kehrt das Erschaffne
Als sei es niemals erwacht –

Aber schon weiht der Schöpfer
Am mitternächtlichen Hochaltar
Den neugeborenen Tag,
Den lebenerweckenden, österlich seligen Morgen!

OSTERN

O ich beschwöre euch, ihr mächtigen Engel,
Die ihr am Ostermorgen das Felsengrab sprengtet,
Sprengt auch den härteren Fels,
Sprengt der erkalteten Liebe
Schaurige Klüfte!

Denn Christ ward abermals zum Tode verurteilt
Und liegt versargt in den eisigen Grabeskammern
Einer verlorenen Welt –
O naht euch, ich beschwöre euch, ihr mächtigen Engel,
Und weckt den begrabenen Christ!

Aber die Engel bewahrten leuchtendes Schweigen,
Endlich bog sich einer herab und nahm mich sanft in die [Flügel
Und raunte mir mildreich ins Ohr:
Nein, wecke du ihn, Kind,
Denn wisse, aus diesem Tod kann nur die Seele ihn retten –
Geh in dein eigenes Herz
Und wälze den Stein von der Türe des Grabesdunklen:
Du selbst mußt auferstehn – Christ ist erstanden.

BESTANDENES SCHICKSAL

An das Heidelberger Schloß

Du aber droben am Berg,
Du schönes Wunder einer zertrümmerten Pracht,
Wie hast du dein Schicksal bestanden!
Wie groß trugst du es aus, wie zauberisch ging es ein
In deines neuen Daseins liebliche Ordnung.

Alles, auch das Verhängnis ward dir gesegnet:
Zerstörung nahmst du an als Meisterin edler Gestaltung,
Ein jeder Stein, der sich löste,
Er löste sich wie nach verborgnem, aber edlem Gesetze,
Und auch der Wald bekannte dieses Gesetz
Wenn er sich in die klaffenden Mauern schmiegte,
Und Mond und Sterne, deines gläsernen Saales
Erlauchte Nachtbewohner, bekennen es
Mit ihren Silberspuren im offnen Getrümmer,
Und, o wie glühend bekennt es auf deinem zerrissenen
Die Abendröte!   [Antlitz

Denn wohl, noch immer verwaltest du tief im Erinnern
Das Unvergeßliche,
Immer noch schimmert
Um deine verwundete Stirn der Glanz des Verlornen,
Aber nichts heimweht zurück,
Und nichts empört sich wider die finstre Erfahrung –
Schwermutlos, ganz ins Verbliebene eingezaubert,
Ganz holde Gegenwart und heitres Vertrauen
Ins Schöpferische noch der zerbrochenen Kraft:
So wurdest du Weisung und Zeichen
Und sanfte Tröstung einem zu tröstenden Volk.

Die Frühgeliebten

Und nun, da alle gingen –
Verströmt sind Fest und Wein –
Nun ziehn auf Geisterschwingen
Die Frühgeliebten ein.

Ich höre leise Füße,
Ich atme Tau und Traum,
Es weht wie Lenzesgrüße
Durch den verlaßnen Raum.

Wo seid ihr hergekommen
Da jede Spur verrinnt –
Habt ihr es denn vernommen,
Daß wir so elend sind?

Wie soll ich es nur fassen,
Daß ich euch wiederhab –
Sah ich euch nicht erblassen?
Ich wähnt euch längst im Grab.

Ihr seid so jung geblieben
Als ob noch Hoffnung wär:
O hochgespanntes Lieben –
So liebt heut keiner mehr!

Die Zeit ist grau geworden
Die Zeit ist fahl und wild,
Angstnot will überborden,
Es winkt kein Gnadenbild.

Kein Gott will uns mehr halten,
Kein Mensch will niederknien –
Ihr könnt noch Hände falten,
Ihr könnt ans Herz noch ziehn!

O, nichts ist je vergangen,
Nichts bleibt dem Tod vertraut:
Ihr habt mich aufgefangen
Wie künftger Jubellaut.

Was soll ich mich noch sorgen
Ob dieser Stern zerstiebt?
Es tagt ein ewger Morgen –
Es bleibt was wir geliebt.

GESANG AUS DEN BERGEN

I

Hier läuft die Grenze des Menschen – jenseits beginnen
Die einsamen Königreiche der letzten Tannen,
Von keiner Axt mehr gesucht, nur unterworfen
Dem Blitz, dem gottunterworfnen.
Hier liegen die wilden Schlösser der Hochgewitter,
Die brausenden Horste des Sturms und die weißen
Der regierenden Wolken,
Hier steigen die Stufen an zum nackten Hochsitz der Felsen:
Hier ragt die Erde ins All,
Hier grüßt sie feierlich den ewigen Nachbar –
Über den Felsen gebieten
Nur noch die Throne des Lichts.

II

Wußt ich denn um die Sonne, bevor ich hier oben
Ausgesetzt ward am strahlenden Ufer des Äthers,
Im überwältigten Auge
Immer und immer diesen leuchtenden Schmerz,
Als läutre in meinen Augen schäumendes Feuer
Alle Nächte der Erde!

Unbändiger Glanz,
Ungeblendeter,
Jauchzender Ausbruch der Allmacht,
Des brausenden Anfangs
Erstgeborenes Kind und alleiniger Erbe:

Durch Jahrmillionen strahlst du
Das göttliche Schöpfungswort –
Das erste – das letzte – das einzig-ewige wieder:
»Es werde Licht!«

III

Aber ergreifend ist am Abend
Der Untergang des Gebirges,
Wenn sich die Felsengipfel, die herrschergewaltgen,
Langsam von ihren glühenden Thronen erheben,
Stillen Hauptes, als schwänden sie feierlich willig
Den nächtlichen Schatten entgegen
Hinab in die schaurigen Schluchten –

Dann kommt die zaubrische Stunde
Des unbekannten Lichts:
Da ist es, als kehre die Sonne
Noch einmal zurück, aber in Mond verwandelt –
Doch scheint weder Sonne noch Mond,
Sondern es scheinen von silbernen Thronen herab
Wieder die ragenden Gipfel:
Unirdisch leuchtend wie aus dem Jenseits der Räume –

In der durchgeistigten Nacht
Gehen die Toten auf wie die unsterblichen Sterne.

IV

Die Wolke dunkelt im Tal, es donnert die Tiefe,
Aber in seliger Stille, hoch über den Gewittern
Murmelt die liebliche Quelle.

Urlaut der Töne,

Wie sanft überströmst du im träumenden Ohr
Die unendliche Klage!
Wie spülst du die Tränen ab um die verstorbenen Stimmen,
Die adlig-frommen der Väter!
Das heilige Leid um den Gesang vom Menschen, den fast
                                        verstummten,
Wie wogst du es unter im holden Schwall des ersten
Wie schläferst du als letzter Gesang   [Gesanges –
Die schlaflosen Schmerzen!

Mutterlied aller Lieder:
O lulle die Seele mir ein ins grüne Vergessen,
Daß ich bei Pflanze und Tier meine Stätte finde
Hinabgeliebt in die Demut der brüderlichen Geschöpfe
Und nicht mehr gramverkomme am furchtbaren Menschen!

V

Gleich einer Elbin leb ich hier am Rand der Erde,
Verzogen aus aller Zeit, und angesiedelt
Beim adligen Schweigen der Steine,
Beim sanften Moos und bei der lieblichen Blume,
Hinweggesellt zu den schönen Gesprächen der Wasser
Und den Gesängen der Flügel
Schweifender Vögel – wie eine Wurzel begraben
Im Schoß der gewaltgen Natur –
Nichts heimweht mehr im Ohr – nichts in der Seele
Nach meinesgleichen.
Es siegeln über meinem Haupt die seligen Sterne.

VI

Den Morgenkuß gab mir die Sonne. Es sprang mir der
                                        junge Bach

Mit lichtem Gruß entgegen. Ich beugte mich nieder
Und reichte den Wellen die Hand –
Sie strichen schwesterlich-weich und kühl drüber hin
Und zogen mich eilend
Geheimnisvoll flüsternd ins Dickicht –
Dort stand das goldene Reh
Und lauschte mich an:
Waldhaft-still,
Die Augen schön und scheu und erschreckend sanft,
Als dämmre im lieblichen Tier
Die versunkene Seele der Schöpfung.

VII

Jeden Mittag zur gleichen Stunde
Nahen im Reigenflug die wilden Schwärme der Dohlen,
Wie schwarze Möwen umkreisend die Felsenbuchten
Des strahlenden Tales –
Dann lern ich fliegen:

Auf den metallischen Schwingen des schönen Geschwaders
Ziehn meine Augen hochhin im silbernen Äther:
Wir fallen und steigen
Von leuchtenden Wogen geschaukelt
Raumlos im Himmlischen ...

Mit schrillem Jubelschrei
Setzen die holden Piloten
Mich wieder an Land.

VIII

Heut sah ich das zierliche Eichhorn, das kleine,
Festliche Tier: es ging mit bauschiger Schleppe

Zum Hofe des Waldes, und nach der Tafel –
Oben im zapfenschweren Wipfel der Tanne –
Spielte es lange vor seinem Wirt,
Purzelnd im zottgen Gezweig wie trunken vor Freude.
Ein schlummerndes Echo fuhr verwundert vom Lager [empor:
Ich lachte – es lachte in seinen moosigen Tiefen
Der urernste, urdunkle Wald.

IX

Tag und Nacht wandert mein schauerndes Auge
Im Felsendom des Hochtals, die steinernen Stufen
Empor zum greisen Altar,
Zum feierlich-entrückten des mächtigen Berges –

Verhüllt betet vor ihm die gesegnete Wolke,
Bevor sie niedertaut,
Und unter strömenden Tränen
Stürzen die Wetter sich nieder, wenn sie verrasen –
Mit aufgehobner, leuchtender Stirn betet das sel'ge,
Ewig erhörte Licht –
Aber auch ohne Erhörung getröstet,
Im Dunkeln harrend,
Lange, sanft und innig
Beten die stillen, beten die sternernen Nächte.

X

Darf ich denn eure Namen wissen, ihr unbekannt-holden
Ihr im kristallenen Äther der Einsamkeiten [Blumen,
Strahlend Verborgnen,
Darf ich denn euren Jubel an meine Augen drücken?

Ihr blauen Glocken des Himmels, ihr goldenen Becher
				der Sonne,
Ihr großen Sternenwunder der winzigen Moose,
Ihr schwellenden Polster von Düften:
Darf denn ein sterblicher Sinn
Den leuchtenden Opfergesang eurer Süße empfangen,
Blüht ihr denn wie die Schattenblumen der Täler
Den irdischen Wesen?

O laßt mich bleiben, ihr Kinder der göttlichen Wonne,
Nur eine Stunde gönnt mir zum Wurzelschlagen
In eurem sel'gen Geheimnis –
Nur eine, ganz dem himmlischen Vater zu eigen,
Wie ihr – eine wiegt ewig.

XI

O daß ich erlöst bin vom eitlen Wahn meiner Täler,
Als sei die Erde für meinesgleichen erschaffen!
O daß ich gerettet bin in die lichte Wahrheit der Gipfel!
Hocheinsame Einsamkeit, die du den Menschen
Majestätisch verschweigst, wie gibst du dem Menschen
				seine Herrlichkeit wieder!
Nur Einem zur Wonne strahlen Blumenmillionen,
Die Sterbliche niemals erblicken –
Nur Einem zur Lust
Gaukelt der selige Falter am weglosen Abgrund –
Nur Einem zum Lobpreis
Umjauchzen Chöre des Lichts die unzugänglichen Firne –
Nur Einem zur Ehre
Bin ich mit auf der Welt,
Und Er, der alle liebt, er liebt selbst den Menschen!

AUS SCHWERER ZEIT

WELTWENDE

Laßt mich dunkel werden,
Nun es dunkel ward:
Auf der ganzen Erden
Schlägt die Mitternacht!

Bild um Bild will fallen,
Saal um Saal wird leer –
In die hohen Hallen
Stürzt das wilde Meer!

Sollt ich mich denn schmücken
Wie zu Fest und Mahl?
Will mich treulich bücken
In das finstre Tal,

In das tiefe Grauen,
In die nackte Flut
Freundlich mich vertrauen
Wie in Mutterhut.

Sinken unsre Kerzen
In den Schoß der Nacht,
Trägt sie unterm Herzen
Aller Sterne Macht.

DEUTSCHES LEID

Schiffer, zieh fort die Brücke,
Du lockst mich nimmermehr an Bord,
Ich weiß von keinem Glücke,
Ich weiß von keinem Zufluchtsort.

Und ob sich draußen weiten
Noch Länder froh und gastbereit,
Und ihre Arme breiten
Wie fremder Mütter Lindigkeit:

Ich würde doch entbehren
Bei ihres reichen Tisches Brot,
Ich würde mich verzehren
Nach meiner Heimat bittrer Not,

Ich stünde doch in Ketten
Mitten im festlich hohen Saal,
Ich könnt mich niemals retten
Vor meines Volkes Schuld und Qual.

Mir bräche doch in Scherben
Des vollen Bechers Prunkgerät,
Ich müßte dennoch, dennoch sterben
Wenn Deutschland untergeht.

Verwandlung

Und immer süßer lockte der Schwäne Gesang
In jenen Nächten des Grauns,
Und immer leuchtender stürzten die Sterne nieder –
Wir wichen schauernd zurück, doch tief im Innern
Glomm schon der purpurne Tropfen des Opferweins,
Den uns ein dunkles Schicksal
Liebreich kredenzte.

Und dann verwandelte sichs –
Arm, ausgewohnt und leer schien jede bergende Stätte,
Der Engel tönte vom Abgrund – unsäglich bereit
Lauschten wir ihm entgegen –
Alles verklärte sich –
Der Flügel des Abends glitt in die Morgenröte –
Verhängnis wurde Begnadung!

Nichts schien uns mehr versagt,
Nachdem wir entsagten:
Zum leuchtenden Abschied
Rissen wir alles hin,
Als werd es uns im Sterben auf ewig gegeben,
Der göttlichen Liebe gleich,
Die alles überwältigt – auch ihr Verderben.

Als das Verhängnis erschien,
Waren wir längst geborgen.

An das Licht

Und nun, im Namen des holdsel'gen Frühlings
Bitt ich dich, süßes Licht, wenn du jetzt wieder
Die Dämmerstunden eines Jahres küßt,
Daß eine um die andre, ihre samtnen Augen
Der Nacht abwendend, dir zu eigen wird
Als deine Liebende und selig wie du selber:
O küsse auch die dunkeln Schicksalstunden
Des ärmsten Volkes,
Diese frühlingslosen, aus dem Sonnenjahr
Hinausgesprengten und unsäglich einsamen
Im Raum des Lebens,
Daß wir das liebliche Gesetz der Himmel
Lichtwerdend miterfülln,
Im ewgen Reigen aller Kreaturen
Demütig schreiten – süßes, süßes Licht,
Erschrick dich nicht vor unsrer Finsternisse
Endlosen Eisesmonden:
Liebe sie auf, Geliebtes, leuchte ihre Nächte
In dich hinein –
Es wird dir keine widerstehn, denn heimlich sehnt sich jede
In deinen Strahlenarm, du Mächtiges –
Die letzte, gänzlich hoffnungslose
Liebt dich am zärtlichsten –
Erhöre sie: ich bitte dich im Namen des holdseligen
                                                  Frühlings!

Die Kathedrale nach der Schlacht

Meiner leuchtenden Fenster vergossenes Blut
Färbt die Gassen,
Meines Chores sprießende Pfeilerhut
Hat Blüten gelassen.

Meiner Tore zerschmetterte Flügelpracht
Steht weithin offen:
So tragt denn herein, was die wilde Schlacht
Gleich mir getroffen.

Tragt her, was die Stadt an Wunden nicht faßt,
Hier wollt sie betten:
Noch hab ich Kraft für der Wölbung Last,
Noch kann ich retten.

Noch hat euer Feuer mich nicht verzehrt
Noch kann ich bergen –
Freunde und Feinde, die mich versehrt:
Kommt, meine Schergen!

Ich bin des Herrn, der Schmerzen vergibt:
Nehmt mein Vergeben!
Ich bin des Herrn, der euch sterbend geliebt:
Gebt ihm das Leben!

Ich bin des Geistes, dem Zeit und Streit
Ein großes Vorüber –
Ich bin ein Vorhof der Ewigkeit:
Schlummert hinüber!

Den zerstörten Domen

Da sie nun anvertraut sind dem Unsichtbaren,
Fortgenommen von ihrer Gestalt, das entschmückte Antlitz
Unter Trümmern begraben –
O werde groß, meine Seele, daß du es fassest:
Sie, die Hochherrlichen einst, die Burgen des Ewigen Gottes,
Die uns jahrhundertelang ihre Tore geöffnet,
Daß wir in ihren steinernen Wäldern wie Kinder
                                     entschwanden,
Sie stehen vor unsrer Tür – denn alles Stürzende,
Die fallenden Türme, die niederbrechenden Chöre –
                                 o diese geliebten –
Sie stürzen uns doch ins Herz! Die enge, die niedere Pforte
Soll die Gewaltgen empfangen!
Aber erschrick dich nicht, kleine Seele:
Du hast sie einst geboren, aus deiner Tiefe
Hob sie des Meisters Hand: du warst ihre Wiege,
Sei nun auch du ihr inniges, ihr lebendiges Grab.
Nicht draußen im toten Schutt wollen die Herrlichen
                                 schlafen,
Nicht mehr Zerstörte, nicht mehr Entweihte wollen sie sein:
Im Unversehrbaren suchen sie ihre Stätte,
Heimkehrende zum stillen Schoß ihres Ursprungs
Und Auferstehungsbereite im bewahrenden Grab –
Nein Auferstandene schon der nie vergessenden Liebe!

Die Vertriebenen

I

Sie konnten den Füßen befehlen,
Daß sie von hinnen gehn,
Sie konnten der Welt erzählen
Es wolle uns keiner mehr sehn.

Sie konnten die Tür uns weisen
Wie es ihnen gefällt
Und uns vergrämen, vergreisen –
Kein Mensch, ders ihnen vergällt.

Aber das Land ist geblieben,
Das stille wahrhaftige Land:
Das hat uns nicht vertrieben,
Das hat uns treulich bekannt.

Noch dampfen Pflugschar und Erde
Von unsrer Stirnen Schweiß,
Noch weiß die brüllende Herde
Um unsren pflegenden Fleiß.

Noch rankt sich an den Altanen
Der Weinstock unsrer Zucht,
Noch düngt der Staub unsrer Ahnen
Jede goldene Frucht.

Was unsre Dichter gesungen,
Noch schwebt es um Stadt und Gefild
Und lobt mit Mutterlautzungen
Das unvergeßliche Bild.

Noch künden uns schweigender Weise
Dom und Altarmonument,
Die stehen dem Höchsten zum Preise
Auch wenn kein Mund uns mehr nennt.

Noch wohnt ein unsägliches Lieben
Im längst verlassenen Haus –
Gott hatte es uns verschrieben:
Die Schrift löscht niemand aus.

II

Wir sind von einem edlen Stamm genommen,
Der Schuld vermählt,
Wir sind auf dunkeln Wegen hergekommen
Wund und gequält.

Wir hielten einst ein Heimatland umfangen –
Gott riß uns los –
Wir sind durch Feuer und durch Blut gegangen
Verfolgt und bloß.

Des Abgrunds Engel hat uns überflogen –
Wer bannt sein Heer?
Wir sind am Rand der Hölle hingezogen –
Uns graust nicht mehr.

Durch jede Schmach sind wir hindurchgebrochen
Bis ins Gericht:
Wir hörten Worte, die ihr nie gesprochen –
O redet nicht!

Uns winkt hier niemals Heimat mehr wie andern,
Uns hält kein Band,
Gott riß uns los, wir müssen wandern, wandern –
Wüst liegt das Land,

Wüst liegt die Stadt, wüst liegen Hof und Hallen,
Die Hand ward leer,
Wir sahen eine Welt in Trümmer fallen –
Uns trifft nichts mehr,

Ziel eines Hasses oder eines Spottes,
Was liegt daran?
Wir sind die Heimatlosen unsres Gottes –
Er nimmt uns an.

Die Schuld ist ausgeweint, wir sind entronnen
Ins letzte Weh:
Die ewge Gnade öffnet ihre Bronnen –
Blut wird zu Schnee.

III

Millionen über Millionen
Hast du die Heimat versagt,
Millionen über Millionen
Ins nackte Elend gejagt!

Sie schlafen in fremden Betten
Sie tragen geschenktes Gewand –
Und du willst dein Dach erretten,
Christloses Abendland!

Sieh, o sieh doch mit Schauern
Winkt nicht ein blutrotes Tuch?
Um deine bebenden Mauern
Schleicht der Entrechteten Fluch.

Senke die eisgrauen Fahnen
Fege das uralte Haus,
Sprich den Bußpsalm der Ahnen,
Und dann zieh aus:

Zieh aus dem eitlen Gepränge
Moderverfallener Zeit,
Sprenge Fesseln und Enge
Werde brüderlich weit!

Gib ihre Heimat den Armen,
Traue nicht Gold noch Erz,
Sühne im großen Erbarmen
Dein versteinertes Herz,

Daß es im Opfervollbringen
Junges Leben gewinnt –
Mit überwundenen Dingen
Spielt das göttliche Kind.

Abschied der Ausgetriebenen

Steine, nichts als Steine,
Kein einzger Stern –
Weine Volk, o weine:
Gott ist sehr fern.

Steine, nichts als Steine –
Was blitzte da?
Weine Volk, o weine:
Gott ist sehr nah.

Die Überlebende

Geh doch hinüber – es ist ja so nah,
Geh doch hinaus – du bist ja fast da:
Alle Türen sind aufgesprengt,
Alle Räume sind weit entschränkt.

Brauchst nicht erst sterben, um dort zu sein,
Brauchst nicht erst scheiden, bist ja allein,
Brauchst nicht erst brechen mit Wunsch und Welt:
Alles Vergängliche ist zerschellt.

Die du geliebt hast, stieß man ins Grab,
Leer ist die Hand und zerbrochen der Stab,
Offene Fenster im wüsten Gemach –
Nichts steht mehr als das himmlische Dach.

Geh doch hinüber, geh sanft und still,
Laß doch fallen, was fallen will,
Laß doch verwehen, was da verweht:
Nur der einige Gott besteht.

Geh doch – geh noch ein kleines Stück:
Alle Zeit ist kurz wie das Glück,
Kreuz und Kummer, die trägst du nicht weit –
Ewig ist nur die Ewigkeit.

Stimme des Heilandes

Ich aber, ich allein erhebe keine Klage, und was an mir geschah, steht nirgends vor Gericht.
Denn wo ist der Mächtige, der meine Sache führen, wo ist der Gewaltige, der mir genug tun könnte?
Es reicht kein Leben aus, mich anzuhören, und keines Lebens Kraft, mein Leid zu fassen.
Jedes Menschen Schmerz hat seine Stunde, und jedes Volkes Jammer seine Abendröte,
Aber über meinen Schmerzen geht der Tag nicht unter, und mein Jammer ist bei allen Völkern der Erde.
Ich war der Verblutende in allen ihren Schlachten, ich war der zu Tode Getroffene jeder Walstatt.
Ich war der Gefangene, den der Hunger würgte. Ich war der Vermißte, der in Nacht und Graun verdarb.
Ich war der Erstickte in den giftgen Kammern des Verbrechens. Ich war der Gemarterte, bei dessen Schrei kein Herz brach.
Ich war der Verschüttete in den Kellern der verbrannten Städte, ich war der ausweglos Verirrte ihrer Flammenwälder.
Es war mein Haus, das man dem Flüchtling raubte, es war mein Gewand, das man von seiner Schulter riß.
Es war mein Kind, das in der Mutter Arm erstarrte!
An jedem Tage war ich der Verleugnete, und zu jeder Stunde war ich der Verratne...
Ich bleibe der Verratene bei jedem neuen Schrei der Hähne!
Denn siehe, ich bin eine sanfte Stimme in den wilden Tälern eures Hasses,
Ich bin eine gnadene Stimme auf den Eisesgipfeln eures Zornes.

Ich bin eine himmlische Stimme noch am Tor der Hölle.
Ich bin unverbittert Liebe, ich bin unerbittlich Liebe, ich bin bittende Liebe . . .
Liebt mich wieder, liebt euch alle und – verstummt!

Das ferne Grab

Die Wandervögel ziehen –
Daß ich nicht Flügel hab!
Noch einmal wollt ich knieen
An meiner Mutter fernem Grab,

Noch einmal Blumen tragen
Auf das verlaßne Hügelbeet,
Mit bangen Augen fragen,
Ob auch das Kreuz darauf noch steht?

Das Haus ist wohl verschwunden,
Darin sie einst so mild gebot –
Ob es noch Trümmer kunden,
Oder sind auch die Trümmer tot?

Ging alles ganz zu Grunde,
Was sie geliebt an diesem Ort?
Hör ich in weiter Runde
Wohl noch ein einzges deutsches Wort?

Am Friedhoftore schlingen
Die fremden Kinder Ringelreihn,
Der Sprache dunkles Klingen
Geht mir so feindlich ein.

Ich könnt sie alle hassen:
Wie brächten sie der Mutter Leid!
Und doch, sie würd umfassen
Auch diese noch mit Gütigkeit.

O könnt ich einmal weinen
Bei ihr um dies verlorne Land,
Die heiße Hand vereinen
Mit ihrer stillen, sanften Hand,

In ihre Liebe betten,
Was mich so zornig überfällt,
Und ihr ans Herze retten
Die ganze mutterlose Welt.

Der Totenkranz

Einst ruht ich zaubertrunken
in seinem moosig-tiefen Schoß,
Nun ist er hingesunken –
Die Berge stehen arm und bloß.

Das Reh hat keine Stätte,
Kein Nest des Vogels junge Brut:
Im wirren Farrenbette
Schläft nur die geile Mittagsglut.

Wer hat dich abgebrochen,
Du unser letztes, liebstes Haus?
Hier ward noch Trost gesprochen,
Hier ruhten die Gehetzten aus.

Hier war noch kein Gedränge,
Hier war die Welt noch fromm und weit,
Durch diese Laubengänge
Schritt nur die hohe Einsamkeit.

Hier fanden alte Lieder
Noch einmal einen frohen Mund,
Kein Trümmerstaub sank nieder
Zu diesem grün-lebendgen Grund. –

Nun seh am Weg ich liegen
Die bleichen Stämme todesschwer,
Wohin die Augen fliegen,
Ich kenn dies schöne Land nicht mehr!

Kein Duft will Fernen krönen,
Kein Strom, der nicht ins Leere zieht,
Gleich meiner Heimat Söhnen
Irrt obdachlos das deutsche Lied.

Durch meine lichten Haare
Wühlt sich der nackten Winde Tanz –
Auf eines Volkes Bahre
Legte sein Wald den Totenkranz.

Dem verlorenen Sohn

Nun hast du's ausgetragen,
Der Kelch ist voll zum Rand:
Hör auf, dich zu verklagen,
Mein armes Vaterland!

Sag ab der dumpfen Reue,
Die im Vergangnen weilt:
Es lebt die ewge Treue
Des, der die Sünder heilt.

Die Welt ist ganz verloren,
Kennt nur Gericht und Hohn,
Doch du bist auserkoren
Als der verlorne Sohn.

Du sollst den Brüdern künden,
Daß ein Erlöser lebt,
Der einst auch ihre Sünden
In sein Erbarmen hebt.

Der Schächer nur kann zeugen
Von höchster Gnadenmacht:
Steh auf, daß sie sich beugen
In dieser tiefen Nacht.

Steh auf, daß sie entbrennen
Zu heißer Scham und Glut,
Und wieder den erkennen,
Der liebend Wunder tut.

Dann wird an dir erscheinen
Der alle retten kann –
Aus den verworfnen Steinen
Nimmt Gott den Eckstein an.

WIE OFT, MEIN VATERLAND ...

Wie oft, mein Vaterland, wenn ich im Frühling von Süden
Der Schwalbe gleich, nordwärts zog, fand ich dein Antlitz
                                                         verwandelt,
Wie oft erkannt ich nur an der Stimme des eigenen Herzens
Deine geliebte Flur, darüber die Wolken
Der wechselnden Schicksale jagten.

Ich sah noch des Friedens lieblichen Stern zu Häupten
Deiner Dome und Wälder,
Ich sah seinen Sturz in der Nacht –
Ich sah die großen Gewitter jahrelang über dir schweifen,
Und viele Sommer lang baut ich mein Nest am wankenden
                                                         Giebel –
Viele Sommer lang wurde mein Tag in dem deinen
Bleich wie erfrornes Gefild.

Doch immer bliebst du die Heimat:
Immer bliebst du
Das eine geliebte Land, vor dem es kein Grauen und Zittern
Gibt, und kein Vergessen in allen Weiten der Erde!
Freudig zog meine Schwinge über dein wogendes Meer,
Und ruhiger denn auf Felsen
Atmete meine Brust auf deiner bebenden Erde,
Und wenn um deine Gebirge die Blitze zuckten,
Dann schmiegt ich mich tiefer nur
Ins Ungewisse deines Schicksals hinab
Und ruhte getröstet darinnen.

Nur manchmal in lautloser Nacht, wenn von den Ufern der [Träume
Die Augen der Toten schimmern,
Dann such ich am Wasser einer unendlichen Flut

Den goldenen Schatten
Deines versunkenen Sterns – o holder Stern des Friedens
In unseren Tränen versenkt: wann steigst du wieder
Zum Haupt des Vaterlandes empor –
Wann leuchtest du wieder dem Kind einer seligen Heimat?

Und wenn er einst erscheinet...

Und wenn er einst erscheinet,
Den jede Sehnsucht meinet,
Des heilgen Friedens Tag:
Wer wird die Hände binden,
Daß sich die Herzen finden,
Wer hört noch ihren ein'gen Schlag?

Ich, ich, das edle Leiden,
Ich will die Völker kleiden,
Daß sie wie Schwestern gehn,
In meines Mantels Falten
Will ich sie liebreich halten
Wenn sie einander wiedersehn.

Da gibt es kein Verkennen,
Auf jedem Mund wird brennen
Desselben Trankes Glut:
Ich fülle alle Scherben
Im großen Weltverderben
Mit tiefer, reiner Schmerzensflut.

Blüh auf, zertretnes Leben,
Mir ist anheimgegeben
Der Abend dieser Zeit:
Was dich zu Tod getroffen,
Das wird dein letztes Hoffen:
Ich bin die große Einigkeit!

Mein ist die Königskrone,
Mein ist der Thron der Throne,

Sonst wird kein Herrscher sein,
Kein Herz wird mehr versteinen –
Es werden Alle weinen
Unsäglich gleich – unsäglich mein!

LYRISCHES TAGEBUCH
AUS DEN JAHREN 1933 BIS 1945

Vergessenes Vaterland...

I

Vergessenes Vaterland – Vaterland der Vergeßnen,
Ehrfürchtig-liebliches Land, dem einst die himmlische
Hölderlins Lorbeern gestreut: [Stimme
»O heilig Herz der Völker –«
Des hohn Gesanges und der göttlichen Ahnung
Ernste und holde Heimat, »du Land der Liebe«:
O laß mich knien an deinem erschütternden Grabe!

Versunken liegt es – kaum, daß der nackte Hügel
Demütig noch sich hebt aus den starrenden Schollen
Eisenbesäter Flur – und verwahrlost liegt es:
Der schweifenden Winde Atem nur flüstert darüber hin
Wie in verwelkten Gesängen,
Oder wie in den Wäldern verschollener Landschaft.

Denn blicklos hastet an ihm vorbei
Der neue, der irdische Mensch, der selbstgewisse, gewaltige,
Selten nur bleibt er stehn, von heimlichen Schauern
Widerwillig geschüttelt und ohne Rührung
Wendet er sich zurück in den Lärm seiner Tage.
Nur der Verstorbenen treue Schatten neigen sich über den
Mit stillen Gesichtern, voller Hoheit und Liebe [Hügel,
Flehen sie sprachlos mich an
Gleich den Gestalten eines anderen Volkes ...

Vergessenes Vaterland – Vaterland der Vergeßnen,
Unvergeßliches Land,
O hauche noch einmal deine geliebte Seele
Auf einen lebendigen Mund,
Daß ich der Stimme deiner Unsterblichkeit lausche,
Bevor ich sterbe –
Aber du schweigst der Verklärten unsägliches Schweigen.

II

Ich weiß noch, wie es begann: mir träumte nächtlich,
Auch Lieder könnten sterben: ich sah meine eignen
Gleich kleinen, toten Kindern im Sarge liegen
Und weinte empor: die Nacht war gewittersüchtig,
Düster und schwül. Im Hof verstummte der Brunnen.
Ein rotes, fremdes Gestirn erschreckte den Himmel,
Da hört ichs flügeln:
Wie reisende Vogelgeschwader rauschten sie her, die großen
                    Gesänge der Vorzeit,
Langsam und feierlich, Jahrhundert um Jahrhundert
Zogen sie über mich hin, fort in die Ewigkeit –
Und vom Gebirge her hört ich noch einmal
Die schwanenen Stimmen der letzten:
»O Land der Liebe, leb wohl!« –
Seither hör ich keinen Gesang – tief in der Seele
Fiel eine Türe zu: es ist vorüber.

III

Doch selig ists heut zu verstummen,
Süß ist es abseits zu stehn vom schändlichen Ruhm des
                    Tages,
Licht ists im Schatten zu wohnen,

Vergessen werden ist Huld, und vereinsamt werden ist
Getröstet wird nur noch, wer weint, –   [Gnade,
Denn Weinen heißt Lieben,
Und Lieben heißt Untergehn, heißt lebendiges Sterben!

So schlafe denn, schlafe mein Mund –
Schlaf ist dem Tode verschwistert.

IV

Viele zogen hinweg, ich aber bleibe
Bei meines Vaterlandes Gruft: zum hilflosen Hügel
Wein' ich mich nieder, daß meine zärtlichen Kniee
Den fast versunknen bezeugen.
O nahe mir, süße Verzweiflung,
Vorfrühling meines Todes und letzter Frühling der Liebe
Zum herrlichen Vaterland, daß ich die Einsamkeit küsse,
Die hohe Schwester der Trauer, die schweigsame Freundin,
Die einzge, die mit mir wacht!

V

O hättet ihr Licht getrunken vom seligen Sterne,
Allein ihr trankt vom finstren Wein des Verderbens!
Es fielen Flügel zur Erde herab, doch niemand fragte:
Was tat man den heiligen Engeln?
Tot sind sie, tot! Man hat die Engel ermordet:
Die Krippe des Heilands ist leer,
Und wo der Friedensgesang der Himmlischen schwebte,
Da jagen die Geschwader der wildernden Hölle!

VI

Die Nacht ist ohne Graun:
Furchtlos und innig

Geht sie ins Dunkel der Dinge hinein
Als in ihr eignes Geheimnis –
Und ich, ich sollte erschrecken?
Bin ich nicht nachtverwandt durch des Vaterlands Nächte?
O hole mich, hole mich Teures,
Was soll ich allein im Lüge gewordenen Licht dieser
Die Nacht ist ohne Graun...   [fremden Tage?

VII

Sieh, alles stirbt dir nach, Geliebtes, auch deine
                              herrlichen Städte!
In langen Reihen liegen sie aufgebahrt wie zum
                              ergreifenden Abschied,
Die hohen, heiteren Namen jahrhundertealten Ruhms
Als Grabschrift zu Häupten:
Stadt neben Stadt, Gebein an Gebein gedrängt, –
O nichts mehr als nackte Gebeine – Asche bei Asche:
Die Märtyrerleichen der Kirchen, die Leiber der
Der heldisch gefallnen,   [mächtigen Türme,
Der Rathäuser edler Staub, der kleinen Wohnungen
Kindlich-zarte Gerippe –
Sie alle dahin, dahin!
Ja, Liebstes, sie starben dir nach – sie mußten sterben,
Dies hatte dir gebührt, du mein Verratnes!
Pfingstlich in Flammen gehüllt, so gingen sie unter
Im Tode wieder Bekenntnis zu dir – im Tode Wahrheit.

VIII

Es kehrt das heilige Zeichen, das lange verratene, wieder:
Ich seh es auf jeglicher Stirn
Tief eingebrannt mit gewaltigen Feuerschmerzen.

Auch das verruchteste Antlitz bekennt es, darf es bekennen:
Mein armes, verirrtes Volk,
Nun reichst du mir selber das Kreuz zur inn'gen
Ich küß es auf deiner Stirne.   [Karfreitagsverehrung:

IX

O liebt das Erliegende, Schwestern, liebt das Verfemte,
Liebt nicht nach der Weise der Welt,
Liebt nach dem Himmelsgesetz des heilgen Gesanges!
Unedel gilt der Muse das Antlitz des prangenden Siegers,
Auch noch dem reinsten drückt sie das Mal auf die Stirne,
Denn in ihm siegt nur der Mensch und seine sterbliche
Doch im Besiegten siegen die ewigen Götter!   [Stunde,
Der Untergehende nur ist der Entsühnte,
Nur der Geopferte trägt den Kranz des Geweihten,
Und nur den Sterbenden umschimmert Verklärung.

ZERSTREUTE BLÄTTER

Die Sibylle

Seine Stimme sprach: »Erblinde!«
Da versank das Weltgesicht –
Eine Mutter mit dem Kinde
Stand vor meinem innren Licht!

»Werde stumm!« erklangs aufs neue,
Und wie ich in Stille schwand,
Raunten aus mir trunken-scheue
Worte, die ich nie gekannt:

»Sei gelobt, du unterm Sterne,
Jungfrau mit dem Kind im Schoß,
Aus des Äons Morgenferne
Grüßt dich dunkles Schwesternlos.

Ahnend hab ich einst getragen
Deiner Inbrunst Gotteslast,
Doch nur wie des Windes Klagen
War ich heilger Nächte Gast!

Dieses Reis, das dir entsprungen,
Da dich heimgesucht der Geist,
Nur im Geist hielt ichs umschlungen:
Dreimal Sel'ge, sei gepreist!

Ich war nur ein armes Flehen –
Du bists, die der Engel kennt,

Ich war Harren und Vergehen –
Du bist Gnade und Advent!

Ich war nur ein Riegel-fassen
Du bist Gottes offnes Tor!
Ich hieß aller Welt verlassen –
Du neigst einer Welt das Ohr!

Horch, es schwillt wie Strom und Wellen,
Wo ich mit der Wüste rang:
Auf der einsamsten der Schwellen
Wogt der Völker Lobgesang!

Wie ein dünner Reif im Fallen
Sprang die Spanne meiner Zeit:
Tausendstimmig ward mein Lallen,
Brausend durch Unendlichkeit!

Tausendstimmig hallt es wider
Aus der Engel Melodie –
Tausendstimmig knie ich nieder:
»Sei gegrüßt, gegrüßt, Marie!«

ZWIEGESPRÄCH

Die Nonne

Schlanke Säule, die das mächtge Streben
Des Gewölbes hält,
Weihevolle, meiner Zelle Leben
Schwesterlich gesellt,

Ernst-getreue, kennst du kein Erliegen,
Zarte, kein Gewicht,
Wird dich niemals eine Last besiegen,
Die kein Tag zerbricht?

Die Säule

Sieh mich, junge Schwester, ohne Klage
Ganz zu Trost gefaßt,
Weil ich als mein edles Kleinod trage
Diese schwerste Last!

Sieh mich steil wie Glaube aufgesprossen,
Eben weil sie mein:
Klang aus meiner Melodie geflossen,
Stein von meinem Stein,

Form aus meines Daseins Form gewoben,
Art von meiner Art,
Schmerz und Gnade und, emporgehoben,
Meine Himmelfahrt!

An die Demut

Da ich mich Gott ergeben,
Da tratst du in mein Leben –
Du warst so zart und fein,
Ich habe dein gepfleget
Wie man die Schwachen heget
Du wurdest groß, ich wurde klein.

Du trankest meiner Stärke
Vollkommenheit und Werke,
Mein Stolz war dir ein süßes Brot:
Ich bin an dir verarmet,
Hab mich zu tief erbarmet,
Nun hilf mir aus der nackten Not.

Ich hab kein Haus zu eigen
Denn dein gewaltges Schweigen,
Und hab nicht Stab noch Stern
Dran ich gen Himmel fände,
Nur deine sanften Hände
Allmächtige vor Gott dem Herrn!

Die Begine

I

Schwestern, die ihr zum Opfer wallt
In die lichte Kapelle,
Weist mir, wenn ihr niederfallt
Die schattge Stelle.

Gönnt mir, wenn euer Lobgesang schwebt,
Das heilge Schweigen,
Duldet, wenn euch Jubel hebt,
Meiner Stirne Neigen.

Trachtet nicht, mich aus Qual und Leid
Liebreich zu retten,
Löst mit keiner Lindigkeit
Meiner Seele Ketten.

Wendet durch keines Segens Kraft
Was mir beschieden,
Trübt durch keine Trösterschaft
Der Armut Frieden.

Seht diese Füße voll Staub und Blut,
Wie weit sie gegangen!
Seht diese Hände wund von Glut –
Wie schwer sie rangen!

Nur ein Wort blieb unversehrt
Auf jedem Pfade:
Liebe ist, die nichts begehrt,
Und Gnade ist Gnade.

II

Schwestern, wenn euer Schleier
Unter der Nähe bebt,
Sprecht ihr: In der Feier
Haben wir Ihn erlebt!

Wenn eures Gartens Beeten
Würze schwillt und Saft,
Sprecht ihr: Wir erflehten
Seiner Fülle Kraft!

Meine Schwestern, ihr trauten,
Ja, dreimal ja:
Wo Ihn Selige schauten
Ist Er Seligen nah!

Meine fremden Schwestern,
Nein, dreimal nein:
Eure Lippen lästern
Seiner Glorie Schein!

Er ist Nähe und Weiten,
Mangel und süßes Brot,
Wüste und Fruchtbarkeiten
Er ist Leben und Tod.

Seht meine Lippen erblassen
Und ist doch kein Spott:
Schwestern, von Gott verlassen
Ist man auch bei Gott!

BEIM LESEN

Im stillen Raum spielt schon die Nacht
Und lockt und löst in Dämmerweiten:
Der Dinge Form vergleitet sacht,
Doch ihre dunklen Wesenheiten
Sind seltsam nah um mich erwacht.

Ich lehn am Fenster, auf den Knien
Ein rätselvolles Buch. Noch immer
Hält mich im letzten Tagesfliehn
Der schmalen, blassen Seiten Schimmer,
Indes die Schatten näher ziehn.

Da plötzlich ists, als welke hin
Der schwere Satz, den ich gelesen,
Und breche hüllenloser Sinn,
Wie er dereinst in Gott gewesen,
Aus ihm hervor gleich Anbeginn.

Und ein Erinnern zeitlos-alt
Fühl ich aus meiner Seele steigen
An einer Einheit Urgewalt
An tiefes, tiefes Liebesschweigen
Vor jedem Ausgang der Gestalt.

Ich les, als läs ich nicht. Mein Geist
Weiß nichts von Schranken mehr, die trennen,
Er weiß nur dies: verstehen heißt:
Aus einer ewgen Heimat kennen,
Und nichts ist hoffnungslos verwaist.

DREI KLEINE LIEDER

I

Wenn nachts die Brunnen rauschen,
Die Welt liegt schlummerschwer,
Da muß ich immer lauschen
Als ob ein Zauber wär.

Und sind doch kühl die Bronnen
Und sind doch scheu und zag,
So tief in sich versonnen
Den langen, lauten Tag ...

Ich hab so mächtge Träume,
Ich weiß wohl ihr Begehr:
Bei Nacht durch weite Räume
Spürt jeder Quell das Meer.

II

Kommt ein junger Strom gezogen
Durch das jungfräuliche Tal,
Spielt auf seinem Silberbogen
Nächtlich unter meinem Saal.

Und ich lausch in meiner Zelle
Schlummernd halb und halb erwacht,
Trinkend seines Spieles Welle
Wie den Liebeskelch der Nacht.

Leise schwirrt der Fensterflügel,
Weite dringt zum engen Raum,

Wolke, Wipfel, Hang und Hügel
Stürzen sich in meinen Traum!

Wie in hochzeitlichem Reigen
Schwingt um mich der Sterne Fall –
Selig mit der Wälder Schweigen
Ruh ich an der Brust dem All.

III

In meinem Hause dient eine Maid,
Die ist geheißen Herzeleid.
Sie dient mir heimlich und ohne Lohn
Lange schon.
Sie schöpft mir mit stillen Händen den Trank
Und sitzt mit gelaßnem Sinn
Am Herd auf der Bank
Und spinnt so hin ...
Oft mein ich sie lacht,
Aber manchmal bei Nacht
Wenn draußen der Mond auf dem Meere schwebt
Und sein silbernes Horn
Die Fluten lockt und hebt:
Dann stürzt der Tränenborn
Ihr ins Gesicht
Und schluchzt ans Licht ...

Mich ruft zuweilen eine Stille ...

Mich ruft zuweilen eine Stille,
Die alles Tönen überschweigt,
Bis ein geheimnisvoller Wille
Sich über meine Seele neigt.

Der sprengt im Zittern von Sekunden
Dies enge Haus – die Welt ist Traum!
In ferne Täler sanken Stunden
Und flüsternah ward jeder Raum.

Da komm ich zu dir ohne Schritte,
Auf pfadelosen Pfades Spur,
Und kein Gewähren, keine Bitte
Verschattet eine sel'ge Flur.

Ich bin an dich dahingegeben
Als je und je dir zugedacht,
Du hüllst mich ein wie Licht und Leben
Mit ursprungtiefer Liebesnacht,

Und alle Qual, die mich zerrissen,
Als trüg ich Wahn und Aberwitz
War nur das zeitlich-dumpfe Wissen
Um einen ewigen Besitz.

Die Insel

Die wilden Schwäne des Meeres, die Schäume der Wogen
Jauchzen sich ihr zu Füßen,
In ihre Felsenkammern, die herrlich zerbrausten,
Stürzt sich der Ozean und nächtigt bei ihr, und wenn er
scheidet,
Wirft er ihr Perlen zu und die silberne Muschel
Mit seinem unendlichen Liede...

Immer ist die Insel von ihm umspült,
Immer ruht sie im Arme des Grenzenlosen:
Des Meeres Braut,
Aber die Tochter auch der freundlichen Küste.
Lieblich ist es bei ihr wie im blühenden Lande,
Hoch auf den Klippen über den Felsenkammern
Wehen die Fahnen der Blumen und leuchten
Die steinvergoldenden Moose.
Im windgeschützten Tale reifen die Feigen,
Und wie durch silberne Filter
Flimmert das Licht in den zarten Zweigen des Ölbaums,
Am schmalen Strand in die Bucht aber schmiegt sich das
kindliche Dorf:
Da lachen die kleinen Häuser, da flattert die Wäsche,
Da taucht das Kind den spielenden Fuß in die Welle
Und scherzt mit dem freundlichen Tier,
Da schmückt sich die junge Frau und da sonnt sich die
Greisin.
Und alles hat seine Stätte, traut und behütet,
Und alles lebt und ist froh, geliebt und gesegnet, als wär
es für immer geboren...

Vom zierlichen Glockenturm schlägt eine Uhr –
Die kleine Schwester der Ewigkeit, die selige Stunde
Schwebt und entschimmert ins Meer.

GIPFELRAUSCH

Der Pfad war steiles Siegen,
Jetzt kommt die sel'ge Schau:
Ich bin mir selbst entstiegen,
Bin eins mit Duft und Blau.

O Kranz der schnee'gen Firne,
O königlicher Kranz:
Ich tauche meine Stirne
In deines Schöpfers Glanz!

Ward ich im Tal geboren?
Ich weiß nichts mehr vom Tal,
Ich bin ans Licht verloren
Und wohn in Gottes Saal,

Erstrahlend Ihm zur Ehre
Wie Firn und Edelweiß
Und alle Erdenschwere
Versinkt im ewgen Preis!

DREIKLANG

I

Du meine Mutter, früheste, lieblichste Wohnung des
Du seine Wiege,   [träumenden Kindes,
Da ihm dein pochendes Herz das Schlummerlied raunte:
Fern-zart, wie von Generationen herübergeflüstert,
Und doch so innig nah wie das eigene Leben –
Mutter, o hold war sein Anfang!
Werd ich jemals vergessen, wie eins wir gewesen?
Nein, nie vergeß ichs: einst trugst du mich unterm Herzen,
Nun, da du längst gestorben,
Trag ich dich in dem meinen –
Eins sind wir wieder, sanft und lebendig verbunden:
Immer, immer noch zehr ich von deiner Liebe!

II

Schlafe du Kind in meinem Schoß –
Kindlein so klein, o Kindlein wie groß –
Wunder des Schöpfers im winzigen Raum,
Wunder der Liebe in Wiege und Traum:
Schlafe, mein Kind!

Schlafe mein Kind ohne Angst und Arg –
Kindlein so schwach, o Kindlein wie stark!
Warst meines Todes schauerndes Nah,
Bist meines Lebens unendliches Ja:
Schlafe, mein Kind!

Schlafe mein Kind, schlaf in Gottes Hut:
Wiegen ist hold und Sterben ist gut –

Du mein Leben, dein Leben mein –
Alles verharrt nur durch Liebe im Sein –
Schlafe, mein Kind!

III

Nun löst mir Kleid und Schuhe
Und macht mich wieder arm und bloß:
Ich suche Hüll und Ruhe
In einer Mutter sanftem Schoß.

Bin wieder Kind aufs neue
Mit meinem lichtgewordnen Haar,
Da winkts wie Muttertreue
Aus tiefen Grüften wunderbar.

Ich beug mich ohne Zagen
Zu ihrem blumenschweren Rand,
Denn unterm Herzen tragen
Will mich ein mütterliches Land.

GOTTESBRAUT

Wüßt ichs nur auszusinnen,
Was mich als Ahnen befällt:
Gibt es ein Gottesminnen
Auch als Minne der Welt?

Gibts dieser Liebe im Traume
Unbewußt seligen Glanz –
Trägt im unendlichen Raume
Alles den bräutlichen Kranz?

Schenkst du dich, holde Erde,
Kleiner weiblicher Stern,
Willig dem göttlichen »Werde!«
Magd deines Schöpfers und Herrn?

Könntest du untergehen,
Wenn dieser Äon zerstiebt?
Wirst du nicht auferstehen,
Weil dich der Ewge geliebt?

Fünfzig Jahre Insel-Bücherei

Die Insel-Bücherei ist die älteste und größte Buchreihe ihrer Art. Seit fünf Jahrzehnten haben sich die Grundsätze bewährt, die von ihrem Gründer Anton Kippenberg aufgestellt worden waren. Ihr Programm umfaßt die gesamte Weltliteratur. Die Insel-Bücherei ist ein imaginäres Museum der lebendigen Dichtung aller Zeiten und Sprachen. Dieser geistigen Struktur entspricht ihr äußeres, allen Bücherfreunden seit Jahrzehnten vertrautes Gewand. Die materialgerecht verarbeiteten Pappbände geben dem einzelnen Buch Dauer, die wechselnden bunten Überzugspapiere zeigen seine Individualität. Die Bildbände bieten, jetzt mit einem Einband versehen, der sie von den Textbänden abhebt, ausgewählte Werke moderner und alter Kunst in originalgetreuen Wiedergaben. Bis heute wurden 958 verschiedene Bände herausgegeben, die in rund 50 Millionen Exemplaren verbreitet sind. 350 Nummern sind zur Zeit lieferbar, in jedem Jahr werden vierundzwanzig neue vorgelegt. Im Wettbewerb ›Die schönsten Bücher des Jahres‹ werden stets auch Bände der Insel-Bücherei ausgezeichnet. Die Reihe hat in einer Zeit der Massenauflagen und des schnellebigen Gebrauchsbuchs ihre Bedeutung behalten: die Insel-Bücherei ist der erste Schritt zur eigenen Bibliothek.

Ein ausführliches Verzeichnis aller lieferbaren Bände der Insel-Bücherei sowie unsere Hauszeitschrift ›Das Inselschiff‹ schicken wir Ihnen auf Anforderung gern kostenlos zu.

»Die Insel-Bücherei ist nicht nur äußerlich eines der schmuckesten und abwechslungsreichsten Sammelwerke, sondern jedem einzelnen Band kommt inneres Gewicht zu. Die Reihe enthält zahlreiche Kleinodien der Weltliteratur, die jedem Leser zugänglich sind. Den Taschenbuchreihen gegenüber aber zeichnet sich diese traditionsgebundene Bücherei durch gepflegte Ausstattung und künstlerischen Druck aus.« (St. Galler Tagblatt)

Insel-Verlag

Frankfurt am Main · Postfach 3001

An die Freude

O Freude, holde Freude,
Wie hat man dich bedrängt:
Im ganzen Weltgebäude
Wirst du hinweggekränkt!

Da haust ein böses Grauen,
Da herrscht ein bittres Nein,
Und keiner will vertrauen
Und keiner will verzeihn.

Und doch schließt jeder Morgen
Hochauf das Tor der Nacht,
Und über allen Sorgen
Erstrahlt die ewge Pracht.

Es blühen Korn und Reben,
Es schmückt sich Baum und Strauch
Und du und ich wir leben,
Die Vöglein leben auch.

Und Kinderhände winken
Und schlingen Ringelreihn,
Und junge Herzen trinken
Uraltes Glück zu zwein.

Singt eure dumpfen Weisen
Bedrängt, die schon bedrängt:
Ich will die Freude preisen
Auch wenn sie gramverhängt,

Ich will sie hoch erheben,
Ist sie gleich tief gebeugt,
Will Gott die Ehre geben,
Daß ihn das Licht bezeugt.

Und mag der Schmerz auch brennen –
Schmerz, ich bin dir bereit,
Ich will dich Freude nennen –
Freude im dunklen Kleid.

DREI FESTHYMNEN

Zur Einweihung der Frauen-Friedenskirche
in Frankfurt am Main

I

Wem wirst du das Königslied singen, du kronenlose,
Wer wird dein Zepter tragen, du zerstörte Welt?
Wer wird deine Völker sammeln, du Verstreute?
Siehe, du bist bedeckt mit den Splittern aller deiner Sterne,
    du bist wundgestoßen, meine Erde, wie von Gräber-
    schaufeln.
Deine Kinder sind verarmt, wie einer Witwe Kinder!

Erkennst du die Schlafenden in ihren fremden Grüften?
Erkennst du, die dahinsanken vor dem Welken ihrer Jahre?
Erkennst du die Verschollenen in den Fluten und die Un-
    versöhnten im Schmerz der Ewigkeit?
Siehe, das Meer deiner Toten ist weiß von Seelen bis zum
    Himmel, und der Strom der Tränen klagt durch seine
    Dünen!

II

Wir haben unsren Toten eine Burg erbaut, die soll heißen
    »Frauendom des Friedens« –
Wir haben sie aus unsren Schmerzen aufgerichtet:
Alle ihre Steine sind aus unsren Herzen gebrochen!
Hoch preisen ihre Glocken den Herrn, und hochauf orgeln
    Ihm alle Stimmen ihrer Chöre.

Die Fluren ihrer Räume entbreiten Sein Rühmen, alle ihre
  Pfeiler tragen schwer an Dank!
Es fallen vor Seiner Gnade hin alle Stufen ihrer Treppen,
  alle ihre Fenster brechen vor Ihm in Licht aus!
Denn Er hat die zerbrochenen Hände zum Werkzeug an‑
  genommen, und das Schluchzen der Verwaisten zur
  Stimme,
Er hat das Leid der Machtlosen in Liebe verwandelt, und
  ihre Klagen in ewiges Gebet.
Selig sind die Mütter der Erschlagenen, denn sie wurden
  Töchter der Schmerzensreichen,
Und selig sind die Schwestern der Toten, denn sie wurden
  Sterne des Morgensterns!
Selig sind die Bräute in den Schleiern ihrer Tränen, denn
  sie wurden Trösterinnen der Betrübten!

Hebe dein Kind auf unsere Herzen, du Frau aller Frauen!
Breite Seinen Königsmantel über alle Völker, Wächterin
  des Heils!
Halte Seine Palme über den Geschiedenen!
Friede sei ihr Gedächtnis, Friede sei ihr Vermächtnis,
Ewiger Friede vom Ewgen sei ihr Totenmal!

GRUSS AN ANTON KIPPENBERG
ZU SEINEM SIEBZIGSTEN GEBURTSTAG (1944),
ALS FESTTAG DES INSEL-VERLAGS

I

Geh auf, mein Erntetag: ich neige mich vor deiner goldnen
    Stirne, auch mit umflortem Blick will ich dich gläubig
    feiern!
Denn wie die Sonne durch die Stämme des Hochwalds, so
    ging Gottes Auge mit mir durch die Jahre,
Wie der Mond auf den Häuptern der Ähren, so lag seine
    Güte über meinem Scheitel.
Er gab mir einen Stern zum Freunde, sein Strahl war mein
    Wanderstab und mein Geleit.
Ich tat mein Werk im Leuchten seines Angesichtes: mein
    Feld lag immer zu den Füßen der höchsten Berge.
An heilgen Hängen zog ich meine Reben, an alten, könig-
    lichen Hängen, umschwebt vom Geiste der Väter.
Meine Erntekrone atmet noch den reinen Duft der Frühe,
    aber auch in späten Fluren fand ich süße Früchte.
Aus dem Reif des Herbstes trug ich noch verwehte Garben
    heim.
Ich barg sie nicht in Speichern, wo die Blitze zünden, und
    nicht in Kellern, die verfallen, wenn die Erde wankt
    und bebt.
Ich lagerte sie im Lebendgen ein: ich streute meinen Segen
    aus wie eine lichte Saat.
Mein Haus war wie ein offner Tisch und wie eine Schale
    voller Gaben.

Die Hungrigen wurden bei mir satt, und die Satten Hungernde nach edler Speise –
Wer will eine Ernte rauben, die am Herzen der Lebendgen keimt?
Das Verschenkte ist mein Reichtum, und das Hingeschwendete ist mein Besitz!
Mein Werk ist wie ein Schiff, das vom Ufer des Verderbens abstieß,
Es ist wie ein geschwelltes Segel, das zur hohen See entkam.
Es ist wie eine Insel, weit ins ewge Meer hinausgebaut –
Wer will eine Insel aus dem Arm des Meeres reißen?

II

Doch es hält noch ein Andrer Erntetag am Tag meiner Ernte.
Sein Arm ist stark wie ein Schwert, und seine Sichel weiß um kein Ermüden.
Tausendjährges Wachstum holt er heim in einer einzgen Stunde, und hundertjährges Edeltum sinkt ihm in einer Nacht.
Er mäht die Heiligtümer unsrer Väter ab wie schlichte Ähren,
Er keltert sich von ihren königlichen Hängen finstern Wein.
Ich gehe wie im Sternengestöber, das vom Firmament fällt, und wie im Getrümmer zersplitterter Sonnen.
Siehe, die Gestalten unsres Geistes sammeln sich zu Heeren und ziehn von uns hinweg mit fliegenden Flammen –
Meines Volkes Erntekronen wurden Opferkränze!
Unsre Städte sind wie große Altäre, die Tag und Nacht brennen, und unsre Dome liegen da wie offne Weihgefäße.
Unsre Türme stehn wie Kerzen in den Nächten.

Unsre Bilder haben Flügel bekommen, und die Seiten unsrer
  Bücher wehen durch die Luft wie brennendes Laub:
Wir hatten eine Welt beschenkt, und wir beschenken nun
  die unsichtbaren Räume –
Wer will eine Ernte rauben, die im Schoß des Unsichtbaren
  keimt?
Das Geopferte ist unser Reichtum, und das Entschwundne
  unser heilger Überfluß!
Zerstöre unsre Dächer, Sturm, und zerstreue unsre niedre
  Habe,
Unser Edelgut ist längst geborgen, es hat nur den Raum
  und die Gestalten vertauscht:
Wie Abendrot geht es vor unsren Tränen unter, wie Morgen-
  rot geht es vor unsern Seelen wieder auf –
Wer will uns das Geliebte aus den Seelen reißen?

Festhymne zum
Empfang des Hochwürdigsten Bischofs von Münster,
† Clemens August Graf von Galen,
nach seiner Kardinalserhebung

Die Stimme der Kirche spricht:
Erhebe dich, du Gebeugte, und freue dich empor, du tief verweinte Stadt!
Erwache auch in deiner Schattengruft, du herrlicher Dom!
Aus euren Trümmern ruf ich meinen Fürsten, aus eurer Tore Schutt geleit ich ihn zur Ehre.
Denn es war Erz in euren Mauern, das dem Feuer standhielt, es war Glockenerz darinnen, das keine Glut zerstörte.
Wie ein heller Ruf die Schläfer weckt, so weckte sein Mund die Wahrheit,
Wie ein kühner Pfeil das Ziel trifft, so traf seine Stimme mitten ins Schweigen –
Sie war wie ein Quellaut in der Wüste, sie war wie ein Stromlaut im verdurstenden Lande.
Aus diesen Trümmern ruf ich meinen Fürsten, aus dieser Tore Schutt geleit ich ihn zur Ehre!
Siehe, ich schmücke ihn mit dem Purpur unsres Heilands: ich bekleide seine Schultern mit der heilgen Farbe der Erlösung.
Ins Rot der Liebe, die für uns am Kreuze starb, hüll ich ihn ein,
Daß ich ihn noch tiefer tauche in die Herzflut des Erbarmens, daß ich ihn noch näher wohnen lasse bei unsrem ewigen Trost.
Erhebet euch, ihr Gebeugten, und freuet euch empor, ihr Verweinten im ganzen Lande!

Erwacht aus euren Schattengrüften, ihr herrlichen Dome!
Ihr schönen Kirchen alle, sprengt die Todeskammern:
Arme, blutgetränkte Erde, blühe wieder auf am heilgen Blut
    des Herrn!
Denn die Liebe, die für uns am Kreuze starb, ist nicht ge-
    storben: Alle, die ich mit ihr tröste, werden auferstehn!

INHALT

Von Dichtung und Muse

Dank an die Muse 5
Lob der Muse 7
Gnade des Dichters 9
Tragische Dichtung 10
Stimme des Dichters 13

Worte zur Gegenwart

Verhängnis 18
Tröstet die Finsternis 20
Du kennst das Geheimnis . . 21
Herbstlicher Sturm 23
An die Natur 24
Mitternachtsweihe 26
Ostern 27
Bestandenes Schicksal 28
Die Frühgeliebten 29

Gesang aus den Bergen . . 31

Aus schwerer Zeit

Weltwende 37
Deutsches Leid 38
Verwandlung 39
An das Licht 40
Die Kathedrale nach der
    Schlacht 41
Den zerstörten Domen 42

Die Vertriebenen 43
Abschied der Ausgetriebenen 47
Die Überlebende 48
Stimme des Heilandes 49
Das ferne Grab 51
Der Totenkranz 53
Dem verlorenen Sohn 55
Wie oft, mein Vaterland . . . 56
Und wenn er einst erscheinet 58

Lyrisches Tagebuch aus den Jahren 1933 bis 1945

Vergessenes Vaterland 60

Zerstreute Blätter

Die Sibylle 65
Zwiegespräch 67
An die Demut 68
Die Begine 69
Beim Lesen 71
Drei kleine Lieder 72
Mich ruft zuweilen eine Stille 74
Die Insel 75
Gipfelrausch 77
Dreiklang 78
Gottesbraut 80
An die Freude 81

Drei Festhymnen

Zur Einweihung der Frauen-Friedenskirche in Frankfurt am Main 83

Gruß an Anton Kippenberg zu seinem siebzigsten Geburtstag (1944), als Festtag des Insel-Verlags 85

Festhymne zum Empfang des Hochwürdigsten Bischofs von Münster, † Clemens August Graf von Galen, nach seiner Kardinalserhebung 88

Insel-Verlag Zweigstelle Wiesbaden
24. bis 33. Tausend der Gesamtauflage: 1958
Gedruckt von C. Brügel & Sohn, Ansbach
Printed in Germany